Laura Scheriau

Darstellung der Filmindustrie in Isherwoods „Praterveilchen" und Wests „Tag der Heuschrecke

Unter besonderer Berücksichtigung der filmschaffenden Figuren in beiden Romanen

GRIN Verlag

Bibliografische Information der Deutschen Nationalbibliothek:

Die Deutsche Bibliothek verzeichnet diese Publikation in der Deutschen National-
bibliografie; detaillierte bibliografische Daten sind im Internet über http://dnb.d-
nb.de/ abrufbar.

Impressum:

Copyright © 2005 GRIN Verlag, Open Publishing GmbH
Druck und Bindung: Books on Demand GmbH, Norderstedt Germany
ISBN: 978-3-656-00521-6

Dieses Buch bei GRIN:

http://www.grin.com/de/e-book/178429/darstellung-der-filmindustrie-in-isherwoods-
praterveilchen-und-wests

Paper zum Proseminar „Film(e) als Thema in der Literatur

Aufgabenstellung:

Vergleichen sie die Darstellung der Filmindustrie in Isherwoods „Praterveilchen" mit der in Wests „Tag der Heuschrecke" unter besonderer Berücksichtigung der filmschaffenden Figuren in beiden Romanen.

In dem Roman von West „Tag der Heuschrecke" geht es hauptsächlich um drei Figuren, deren Lebensweise und ihr Überleben in dem Mythos Hollywood. Während Tod, ein auszubildender Filmarchitekt und Kostümzeichner, eigentlich mit beiden Beinen auf dem Boden steht und ungefähr weiß, was er aus seinem Leben machen will, scheinen die beiden anderen Hauptfiguren, Faye und Homer, nicht in der Lage zu sein, ihr Leben zu meistern und irgendwann aus den Wirrungen ihrer Vergangenheit und Gegenwart zu entkommen. Obwohl Tod nicht wirklich als Sympathieträger gelten kann, erträgt man seine unangenehmen Seiten leichter als die Macken und Ticks der anderen Gestalten dieses Romans. Alle Figuren sind eigentlich Darstellungen eines Klischees, stilisierte und überzeichnete Typen, die ihre eigene Persönlichkeit entweder unter einem solchen Klischee verstecken oder gar keine Persönlichkeit in dem Sinne besitzen, der sie als Charaktere ausweisen würde. Jedes Klischee der Gesellschaft Hollywoods wird, wenn nicht behandelt, dann zumindest angeschnitten: Faye als die versagende Schauspielerin, die einem Traum, einem nicht existenten Ideal, folgt, Harry, als der gescheiterte Schauspieler, der jetzt seinen Lebensunterhalt als Vertreter verdienen muss, immer in der Hoffnung, sein schauspielerisches Geschick zur Geltung bringen zu können, Homer als der typische Versager, ein Buchhalter, der aus gesundheitlichen Gründen nach Hollywood in Urlaub geschickt wird, dessen Bezug zu Hollywood „unfilmisch" ist, Earle als Komparse, eine nichts- sagende Gestalt, der das Klischee des Cowboys nach Hollywood mitnimmt und sich von seiner Rolle auch im echten Leben nicht trennen kann. Der einzige Charakter, den man auch fast als einen solchen bezeichnen könnte, wäre Tod. Er vertritt zwar das Image des leidenschaftlichen Künstlers, der seine Angebetete stets verfolgt und sie am Ende in seinem Kunstwerk verewigt, ist aber gleichzeitig der Einzige in dem Roman, dem auffällt, dass Hollywood das moderne Babylon darzustellen scheint, das auch irgendwann in Flammen aufgehen wird, wie er es in seinem Gemälde „Der Brand von Los Angeles" eindrucksvoll darzustellen versucht. Er ist es auch, der in Faye eine Vorreiterin der Apokalypse zu erkennen scheint, da er ihr Bild, auf dem sie in lasziver Pose daliegt, aufgrund der Brustplatten mit dem einer apokalyptischen Heuschrecke vergleicht. Die „Grauen", die er immer wieder beschreibt sind die Massen von verzweifelten Menschen, deren Reise gen Westen schließlich in Hollywood endet, wo sie nicht das erwartete Paradies vorfinden, sondern eine lasterhafte Gesellschaft, deren Bodensatz die Neuankömmlinge, die sich nicht schnell genug anpassen können, bilden. Tod sieht eine

Gefahr in diesen Grauen, die sich erheben und alles zerstören könnten, was sie im einen Moment noch verehren. Sie werden nur toleriert, weil sie die Arbeit machen, die nötig ist, die keiner der Stars jetzt noch machen würde, wenn es nicht um eine Rolle in einem Film geht.

Hollywood als Mikrokosmos, der hier den Negativ –Pol Amerikas, schlechthin der gesamten Welt bildet. Es gibt dort keine Ideale, wie man glauben gemacht wird, alles ist Schein. Zwar vermischt sich die Welt der filmschaffenden Personen im Ansatz mit der der nicht Filmschaffenden, ist aber trotzdem immer in sich abgeschlossen durch den allgegenwärtigen Wunsch der Charaktere, endlich der grauen Masse zu entfliehen und selbst in den Stand der Götzen erhoben zu werden, der Schauspieler und Regisseure, deren Namen überall bekannt sind.

Alle Filmschaffenden in Wests Roman sind fiktive Personen, die im wirklichen Leben nicht existieren. Das mag den einfachen Grund haben, das man so nicht an Tatsachen gebunden ist, sondern seine Figuren auch wirklich so stilisiert darstellen kann, wie West dies mit seinen Typen gelingt. Auch wenn der Erzähler allwissend ist, fehlt dem Leser doch ein Einblick in die Sichtweisen der Figuren um Tod herum. Denn der Fokus des Erzählers ist eindeutig auf Tod gerichtet, dessen Gedanken und Motive auch dargestellt werden, während die anderen Figuren in sich selbst verschlossen bleiben und nur indirekte Einblicke in ihr Inneres ermöglichen. Um das Bild des Künstlers in diesem Roman zu analysieren müsste man zuerst den Begriff der Kunst definieren:

Zum Einen gäbe es dann die Kunst als das Schaffenswerk, das ohne Anregung oder Eingebung von Außen entsteht, der Künstler als Genie; zum Anderen die Kunst als das Werk, das durch Inspiration der Umwelt oder göttliche Eingebung erschaffen wird, der Künstler als Werkzeug. Die dritte Art stellt eigentlich eine Unterart der zweiten Definition dar, der Künstler als Reflektor der Gesellschaft, sein Werk als Spiegel oder Abbild der Realität.

Unter Berücksichtigung dieser Einteilung gehört Tod der zweiten Art Künstler an, da er seine Inspiration aus seiner Umgebung fasst und einen Spiegel erschafft, der sozusagen die andere Seite der Stadt darstellt. So wie oft in Literatur und Film der Spiegel die wahre Identität preisgibt, beziehungsweise in eine Paralleldimension führt, indem der Schein umgekehrt ist, zeigt uns Tods Gemälde die „Identität" Hollywoods, beziehungsweise die

Stadt, so wie sie unter der Oberfläche brodelt, die Verdorbenheit der Gesellschaft unter dem schönen Schein und Glanz der Filmindustrie.

Harry, der gescheiterte Komiker, bietet ein eindrucksvolles Bild des Künstlers, der nicht unterscheiden kann zwischen Realität und Kunst. Seine Komik zeigt uns gleichzeitig auch die Tragik seines Seins, da er sogar im Streit nicht aus seiner Rolle des Clowns herausschlüpfen kann. Dieses Verhalten bringt Faye, seine Tochter, zwar zur Weißglut, lässt sie jedoch nicht erkennen, das ihre Kunst auch kein Ergebnis vorzuweisen hat. Immer im Schatten der Familie, die, wie sie behauptet, im Showbuisness, beziehungsweise „seit Urzeiten beim Theater", zu Hause ist (West „Tag der Heuschrecke", S.202, Z.10), verfolgt sie den Traum, einmal ein großer Star zu werden. Alle um sie herum scheinen zwar zu wissen, wie albern dieser Traum ist, aber sie lassen sich alle von ihrer aufgesetzten Kindlichkeit bezaubern. Faye sieht sich selbst auch als Geschichtenerfinder, obwohl sie weder in der Lage ist, sich originale Geschichten auszudenken, noch sie umzusetzen oder gar erst zu Ende zu denken. Sie vertritt eher das Bild des „Anti- Künstlers", eines Künstlers, dessen Inspirationen schon vorhandene Werke sind und dessen Kunst erst von Anderen geschaffen und beendet werden muss, um einen Sinn zu ergeben.

Es gibt klare Grenzen zwischen den einzelnen Figuren in Wests Roman. Erstens wäre die soziale Grenze zu nennen, die zum Beispiel Claude, den erfolgreichen Drehbuchautor, von Miguel, einem Mexikaner, der ähnlich wie Earle seiner Rolle nicht entfliehen kann, unterscheidet. Dennoch können diese Grenzen auch verschwimmen, wie zum Beispiel die Szene mit dem Hahnenkampf beweist, bei der die Männer, egal welcher Schicht Hollywoods sie angehören, durch das blutige Gefecht zwischen den beiden Hähnen zu einem einzigen neuen Klischee verschmelzen, dem des Spielers, beziehungsweise des Voyeurs, der eine grausame Perversität beobachtet und sich daran ergötzt.

Die „Insider" der Filmindustrie bilden ihre eigene Kaste, können aber auch zeitweise auf das Niveau der „Grauen" herabsteigen, wenn es zu Unterhaltung und Zeitvertreib dient, während die „Outsider", all die möchtegern- Schauspieler und – Drehbuchautoren, nur höchst selten in den oberen Kreisen verkehren dürfen.

Im Gegensatz zu diesem Werk steht Christopher Isherwoods „Praterveilchen", dessen Protagonisten auf tatsächlich existierenden Personen aufbauen und teils tatsächlich existieren, wie zum Beispiel der Erzähler und gleichzeitig Autor, Christopher Isherwood, selbst. Ob diese Figurendarstellung nun Biographisch oder Autobiographisch zu betrachten ist, bleibt eigentlich jedem selbst überlassen, denn Teile der Wirklichkeit fließen natürlich in den Stoff der Geschichte mit ein, während andere mit Sicherheit frei erfunden sind, wie auch die Dialoge, die nicht hundertprozentig übernommen sein können.

Der Handlungsort dieses Romans, der in zwei große Abschnitte geteilt werden könnte, spielt in London, einerseits in Bergmanns Hotelappartement, und dort in der visionären Darstellung Wiens am Anfang des zwanzigsten Jahrhunderts, und andererseits im Filmstudio der Imperial Bulldog Gesellschaft. Diese beiden Handlungsorte sind eigentlich in sich noch einmal aufgeteilt und stellen sozusagen die Bühne für die verschiedenen Visionen und Phantastereien Bergmanns und der anderen Filmschaffenden. Bergmanns Appartement bietet hierbei jedoch die notwendige Abgeschiedenheit des Künstlers um seiner Inspiration Willen und bildet sozusagen eine eigene kleine Einheit.

Im Gegensatz hierzu das Filmstudio der Imperial Bulldog, das aus so vielen verwinkelten Schächten und Treppen, kleinen Kämmerchen und riesigen Arealen, in denen die Schauplätze für die verschiedensten Filme auf- und abgebaut werden, besteht. Schnell entsteht der Eindruck eines Labyrinths, indem sich der Minotaurus irgendwo befinden muss, der nur darauf wartet, seine nächsten Opfer zu verschlingen.

Der Erzähler selbst beschreibt das Studio als ein Pompeji, dessen Ruinen unheimlich verlassen aussehen, wenn sie nicht gerade vom unwirklichen Licht erstrahlt werden wenn die Kamera läuft, die eine Szene zum Leben erweckt.

Während sich West in seinem Roman mit der „niederen" Schicht Hollywoods beschäftigt und eher auf die Problematik der Idealisierung der Filmstars und anderen Filmschaffenden eingeht, gibt Isherwood uns Einblick in die eigentliche Welt des Films. Die Figuren, die er wählte sind Regisseure, Schriftsteller, Schauspieler und Schauspielerinnen, Produzenten und Schnittmeister, sowie viele andere, deren Tätigkeit sich mit dem Film an sich auseinandersetzt oder in direktem Verhältnis zu seinem Schaffensprozess stehen. Die Filmindustrie wird zwar von Bergmann oft beschimpft, nur Lügen zu verbreiten und der Gesellschaft nicht dienlich zu sein, und vom Schnittmeister Lawrence Dwight als Hersteller von Filmen, die die „Hurenromantik des letzten Jahrhunderts" thematisieren(„Praterveilchen", S.75, 1.14) naserümpfend verachtet, doch trotzdem sind beide, wie auch Isherwood selbst, als Protagonist, von der Welt des Films besessen und opfern Stunde um Stunde dafür, ein, wie sie sich alle einig sind, überzeichnetes Bild einer Welt zu zeichnen , die so unmöglich existieren könnte.

Isherwood als Schriftsteller und angeheuerter Drehbuchautor kann anfangs auch nichts mit dem Stoff anfangen, da es ihm nicht behagt, die Kunst zu verraten und für ein Werk zu arbeiten, dessen bloße Existenz die der anderen Künste unterbindet. Denn ein Film lässt dem Betrachter keine Phantasie, der Regisseur entscheidet, was sie sehen, wann sie es sehen und wie lange sie es sehen werden. Farben, Formen, Gesichter, Gefühle, alles ist vorgeschrieben und so dargestellt, wie es sich zwei oder drei Personen vorstellen, die das Drehbuch schreiben und dann Regie führen.

Die dargestellte Kunst beschäftigt sich wenig mit dem Geschehen um sie herum. Obwohl ganz Europa sich im Schwebezustand zwischen Krieg und Frieden befindet und alle wie gebannt auf Deutschland schauen, wo bald das größte Gräuel, das die Menschheit je gesehen hat, seinen Anfang nehmen würde, sitzen die Engländer und vor allem die Filmschaffenden des Romans, gemütlich beim Mittagessen und überlegen sich, wie sie die Welt von vor zwanzig Jahren wieder auferstehen lassen könnten. Der kommende Krieg wird zwar immer wieder durch Bergmann, der ja aus Österreich stammt, in den Mittelpunkt gerückt, wird aber auch immer wieder verdrängt durch irgendeine Belanglosigkeit des Films, der immer im Fokus stehen muss.

Um die Figur Bergmanns und sein Verhältnis zu Isherwood zu begreifen, muss erst geklärt werden, ob es sich hierbei, ähnlich wie bei West, um stilisierte Typen handelt, die nur Klischees verkörpern, oder ob es tatsächlich Figuren sind, die eine tiefergehende Charakterisierung erfordern. Bergmann einzuordnen fällt dabei schon sehr schwer. Einerseits ist er ein verschrobener und unberechenbarer Kauz, der immer Gefahr läuft, den nächsten cholerischen Anfall zu bekommen, andererseits mimt er den großen Philosophen, der die Welt zu verstehen glaubt und seine Sicht der Dinge als geltende Norm anerkannt wissen will. Aber seine Philosophie besteht eigentlich nur aus leeren Sprüchen, deren Inhalt genau so aus den Magazinen, die er gelesen haben mag, und aus revolutionären Tagesblättern zu stammen scheint. Überhaupt weisen alle Figuren einen Drang auf, Weisheiten Kund zu tun, die aus psychologischen Magazinen, Tageszeitungen und Klatschblättern zusammengesammelt zu sein scheinen. Zum Beispiel Lawrence Dwight, der Schnittmeister, ist ein glänzendes Beispiel hierfür:

Sein Bein hat er bei einem Autounfall verloren, ebenso wie seine Frau, und genau wie das jetzt klingt, so beschreibt er auch den Unfall und bildet sich ein zu wissen, dass er als Fahrer wohl unterbewusst seine Frau töten wollte, weshalb er den Unfall gebaut habe. Allein durch die Art, wie er es sagt, scheint es, als wäre ihm nicht wirklich bewusst, wovon er spricht. Auch später, wenn er von der Aufteilung der Gesellschaft spricht und die Techniker als die Elite an der Macht sehen will, fällt auf, dass sein Charakter nur von diesem Idealismus getragen zu sein scheint. Und auch die Tatsache, das er beim Film arbeitet, obwohl er die Filmindustrie verachtet und sich einbildet, er habe die Lösungen für alle Probleme, ist für mich ein Indiz dafür, ihn eher als flachen Charakter einzustufen, eher eine Vermischung von Klischees.

So erscheinen die meisten Figuren in dem Roman. Eher eine Vermischung verschiedener Klischees, die zu einem Charakter zusammengefügt sind, als wirklich eine fundierte Persönlichkeit mit intuitiver, beziehungsweise instinktiver Handlungsweise, die ihre Taten auch bedenkt und moralisch abwägt. Die einzige Ausnahme kann hierbei vielleicht Isherwood selbst als Erzähler bilden, da er seine Gedanken und Ängste mitteilt, so dass ersichtlich ist, dass seine Aktionen die eines „echten" Menschen darstellen. Er ist auch die einzige Verbindung der Außenwelt zur Filmwelt und umgekehrt, da er, als Neuankömmling in der Branche, noch nicht vollkommen darin aufgegangen ist. Doch die Verbindung mit seiner Familie, Mutter und Bruder, bei der er wohnt, tritt immer mehr in den Hintergrund, je weiter er in das Filmgeschäft integriert wird.

Obwohl Bergmann eigentlich der Neuankömmling in dem fremden Land ist, dessen Interessen nur auf den Film gerichtet sind, weil er die Gage nicht verweigern konnte, spielt er den Vater in der Beziehung Isherwood- Bergmann, da er sich im Filmgeschäft bestens auskennt und somit den Neuankömmling der Branche unter seine Fittiche nimmt.

So sind denn beide Hauptfiguren Außenseiter, Bergmann als Ausländer, Isherwood als Neuer in dem Geschäft. Da ist es nicht weiter verwunderlich, dass ihre Freundschaft sich zu einer fast familiären Beziehung entwickelt.

Betrachtet man jetzt diese Beziehung im Kontrast zu den eher grotesk wirkenden Beziehungen des Romans „Tag der Heuschrecke", scheint es, als spiegelten die beiden Romane zwei verschiedene Wirklichkeiten wieder: die negativen (Tag der Heuschrecke) und positiven(Praterveilchen) Eigenschaften menschlicher Beziehungen.

Aber das scheint auch nur auf den ersten Blick so. Der Erzähler entwickelt sich gegen Ende immer mehr in Richtung Bergmanns. Er übernimmt Eigenschaften, die er eigentlich nicht guthieß und spielt selbst den großen Philosophen. Doch er erkennt indes, dass er nur eine Rolle spielt, die ihm von Bergmann auf den Leib geschnitten wurde, sowie dieser seine Rolle bis zur Perfektion spielte.

Die Filmindustrie scheint bei der Darstellung des „Praterveilchen" relativ glimpflich davonzukommen, obwohl „Klein- Hollywood" in England ebenso die verdorbenen Seiten kennt, und eine abgeschwächte Version des lasterhaften Babylons aus Wests „Tag der Heuschrecke" darstellen könnte.

Der Sympathieträger Isherwood wird gegen Ende ähnlich verwirrend wie die Figur Tods bei West. Es ist nicht sicher, ob ihm jetzt die Sympathie oder Antipathie des Lesers gesichert ist, denn seine Ansichten scheinen sich plötzlich so gewandelt zu haben, dass man das Gefühl bekommt, eine andere Person erzählte die Geschichte zu Ende. Seine Ansichten zu den Frauen und der Liebe sowie zum Tod scheinen Bergmann als Quelle aufzuweisen. Diese Ansichten sind es, die ihn gegen Ende auch zu einem Pseudo-Philosophen werden lassen, dessen Anhaltspunkte einzig der eigene Verstand darstellt, weniger das tatsächliche Geschehen der Welt. Obwohl man davon ausgehen kann, das Isherwood nicht vollkommen die Rolle Bergmanns übernimmt, ist diese Anpassung eines der deutlichsten Zeichen für die Vater- Sohn- Beziehung, die sich finden lassen. Seine Entwicklung verläuft also eher entgegengesetzt der eigentlichen Entwicklung. Anstatt eigene Sichtweisen zu entwickeln und zu verteidigen, lässt er seine Meinung immer mehr in den Hintergrund treten, bis sie schließlich überschrieben wird durch Dogmen des „Vaters" Bergmann.

Am Ende des Romans gleicht sich die Figurendarstellung also der Wests an, indem die Personen zu Stilisierungen werden, die nur Klischees wiederspiegeln und verdeutlichen, die die Welt der Filmschaffenden beschreiben.

Zum Vergleich beider Romane lässt sich folgendes sagen:

Es scheint ein hoffnungsloser Versuch zu sein, da beide Romane den Film und seine Schöpfer auf unterschiedlichen Ebenen darstellen. Hollywood auf der einen Seite als das Laster der Gesellschaft, „Klein- Hollywood" auf der anderen Seite als Fabrik der Träume.

Schauspieler und etablierte Regisseure auf der einen, Träumer und Möchtegern-Schauspieler sowie „niedere" Filmschaffende auf der anderen Seite.

Den größten Unterschied stellt für mich die Stellung des Films in der Gesellschaft dar. Während in Wests Roman die Filmindustrie vollkommen autark zu sein scheint, ist die Filmwelt in Isherwoods Darstellung von der Gesellschaft abhängig. Zwar nicht in einem Maße, das besonders herausstechen würde. Aber man kann erkennen, das ein größerer Druck dahinter steht, als bei der eher „entspannten Hektik" der Filmproduktion bei West. Während die Schauspieler in der „Stadt der Engel" von der einfachen Bevölkerung bewundert werden, und kein Einblick auf ihr Verhältnis zu Regie und anderen Produktionsleitern gewährt wird, wird ihre Stellung in London, obwohl sie als die großen Stars ihres Landes vorgestellt werden, etwas gemindert, indem gezeigt wird, wie sie vor dem Regisseur zu kuschen haben.

Auch die Proteste der Schauspieler scheinen keinen so großen Einfluss auf das Voranschreiten des Films zu haben. Sie sind nur Mittel zum Zweck und könnten ersetzt werden. Zwar wird deutlich, dass das einen großen Zeit- und Geldaufwand bedeuten würde, und man sich lieber des Regisseurs entledigt. Aber letztendlich wäre es trotzdem möglich, sollte die Situation dadurch nicht verbessert werden.

Hier ist der einzige Punkt, an dem ein großartiger Gegensatz herausgestellt werden kann: Schauspieler als strahlende Persönlichkeiten, deren Namen in aller Munde sind, Schauspieler als eher weniger pompöse Personen, deren Auftreten nicht zu vergleichen ist mit ihrem Image.

Das negative Image der Filmindustrie wird in beiden Romanen thematisiert, bei West mehr übertrieben und stilisiert, bei Isherwood eher untertrieben und verniedlicht. Trotzdem bleibt dem Leser selbst überlassen, seine eigene Phantasie zu Film und Filmschaffenden zu benutzen, anstatt ihm vorzusetzen, wie und wann er was zu sehen hat.

Bleibt nur zu fragen: Ist der Film im Buch der bessere Film?